Introduccion

(Si su niño es pequeño le sugerimos que le lea esta introducción en voz alta. Si su niño ya sabe leer anímelo a que lea la introducción.)

¿Qué es el rosario?

El rosario es una oración a María que consiste de muchas oraciones pequeñas. Utilizamos cuentas para saber cuántas oraciones pequeñas ya rezamos. (Vea a las páginas 39 y 45 para las oraciones del rosario y cómo rezarlo.)

¿Por qué rezamos el rosario?

Rezar el rosario nos hace recordar los eventos, hechos y cosas más importantes de las vidas de Jesús y María. Y les llamamos "misterios" porque una persona siempre puede encontrar algo nuevo cuando reflexiona acerca de ellos. Rezamos con y a Jesús a fin de que podamos sentir el mismo

become more like Jesus. The lives of Mary and her son Jesus were sometimes joyful and sometimes sad. So Jesus and Mary understand the joys and sadness of our lives and the love of family that sees us through the good times and the bad. Jesus and Mary are our friends, and when we pray the rosary, we ask their help with our problems, help they are glad to give us. We can also pray the rosary for other people, which is a good way to give spiritual help to them.

amor que él siente y tiene. También pedimos que María nos ayude a hacer lo que Jesús nos pida que hagamos. Las vidas de María y su hijo Jesús fueron a veces tristes y a veces alegres. De esta manera Jesús y María entienden la alegría y la tristeza de nuestras vidas y el amor de familia que nos acompaña en lo prospero y lo adverso. Jesús y María son nuestros amigos y cuando rezamos el rosario les pedimos que nos ayuden con nuestros problemas. Ellos siempre están dispuestos a ayudarnos. También podemos rezar el rosario y pedir por las necesidades de otras personas, así podemos ayudarlos espiritualmente.

The Joyful Mysteries

(Mondays and Saturdays)

1. The Annunciation

God sent an angel to Mary to ask her if she would be the mother of Jesus. Mary thought it would be wonderful, but it would not be easy. Jesus would suffer. But because she loved God very much, Mary said "Yes."

When we hear God talking to us through family and friends and in our own hearts, do we listen? Do we think about it, pray about it, and then say, "All right. I'll do it," even if it's hard to do?

Mary, help me to love God more so that I will always say "Yes" when God wants me to do something—even if it is hard.

Los misterios gozosos

(lunes y sábado)

1. La anunciación del Señor

Dios envió un ángel a María para pedirle si ella quería ser la madre de Jesús. María pensó que eso sería maravilloso pero que no sería fácil. Jesús sufriría. Pero María amaba a Dios y por eso dijo "sí".

Sabemos en nuestro corazón que Dios puede hablarnos a través de la familia y las amistades pero ¿de verdad lo queremos escuchar? ¿Pensamos en lo que nos dice, lo meditamos? ¿Podemos decir "está bien, lo voy a hacer aunque sea difícil"?

María enséñame cómo amar a Dios para que siempre pueda decirle "sí" cuando me pida hacer su voluntad aunque a veces me parezca algo difícil.

2. The Visitation

The angel told Mary that her cousin Elizabeth was also going to have a baby. So Mary hurried to Elizabeth's house to help.

When the two women saw each other, they were both very happy. Mary sang a lovely song to thank God for being so kind to her and to all of us—because Jesus would be for all of us, not just for Mary.

Do we help others cheerfully? If we do, we will be bringing Jesus into the lives of others like Mary did.

Mary, get me used to looking around to see if I can help somebody for Jesus' sake.

3. The Birth of Jesus at Bethlehem

Nobody is afraid to come to a poor little baby lying in a nest of dry grass in a barn. But even though he looked little and helpless, Jesus was still the great and wonderful God.

Sometimes we find it hard to believe that God is

2. La visitación de María a su prima Isabel

El ángel dijo a María que su prima Isabel iba a tener un hijo. María se apresuró a ir a la casa de Isabel para ayudarla. Tan pronto se vieron ambas se alegraron. Las palabras que pronunció María fueron como un canto de agradecimiento a Dios por ser tan bondadoso con ella y con todas las personas porque Jesús era un regalo de Dios para María y para todas las personas.

¿Cuándo ayudamos otras personas lo hacemos con alegría? Si así lo hacemos estaremos llevando a Jesús a las vidas de otras personas como lo hizo María.

María enséñame cómo ayudar a otras personas por amor y servicio a Jesús.

3. El nacimiento de Jesús en Belén

Nadie tenía miedo de acercarse a un humilde bebé que estaba acostado en un pesebre que tenía paja e hierba seca en un establo. Aunque Jesús parecía

in people we don't like. It's like looking at Jesus on the hay and saying, "That can't be God. God would be dressed a lot nicer and live in a big house."

Mary, if God loves me no matter what, help me to love other people—no matter what.

4. The Presentation of the Child Jesus in the Temple

God promised Simeon that he would not die until he had seen Jesus, the Savior. God put it into Simeon's mind to go to the Temple on the same day that Joseph and Mary took their child to the Temple to thank God for Jesus' birth. On that day, Simeon's dream came true.

God has many graces ready for each person. We need to keep our hearts open and ready so God can find a place in us to give us the graces that are meant for us.

Mary, make my heart ready for the graces God wants to give me.

pequeño e indefenso él continuaba siendo nuestro gran y maravilloso Dios.

Algunas veces es difícil creer que Dios está en las personas que no nos caen bien. Es como si viéramos a Jesús sobre el heno y dijéramos "Ése no puede ser Dios. Dios se vestiría elegantemente y viviría en una gran casa".

María, Dios me ama incondicionalmente, enséñame a amar sin poner condiciones.

4. La presentación del niño Jesús en el templo

Dios prometió a Simeón que no moriría sino hasta después de haber visto a Jesús, el Salvador. Dios inspiró a Simeón a ir al templo el mismo día que José y María llevaron a su hijo al templo para agradecer a Dios el nacimiento de Jesús. En ese día se hizo realidad el sueño de Simeón.

Dios tiene muchos dones para cada persona. Necesitamos tener nuestros corazones abiertos y dispuestos para que Dios pueda encontrar un lugar en nosotros para darnos los dones que él quiere darnos.

5. The Finding of the Child Jesus in the Temple

When Jesus was twelve, the Holy Family went again to the Temple in Jerusalem. On the way home, Mary and Joseph could not find Jesus. After looking a long time, Mary and Joseph found him still in the Temple, talking to some grownups about God. He was just a boy, but the grownups listened.

Maybe we feel shy about talking about God. But if we speak about God lovingly, we may be surprised at how many people will be glad to listen.

Mary, help me love Jesus so much that I often find myself talking about him to other people.

María enséñame cómo tener un corazón dispuesto para recibir los dones que Dios desea darme.

5. Jesús perdido y hallado en el templo

Cuando Jesús tenía doce años, la Sagrada Familia volvió a ir al templo de Jerusalén. Mientras regresaban a su casa en Nazaret, María y José no pudieron encontrar a Jesús, lo buscaron pero no pudieron encontrarlo así que regresaron al templo de Jerusalén. Allí encontraron a Jesús en compañía de adultos a quienes les estaba hablando acerca de Dios. Él era sólo un niño y los adultos lo escuchaban.

A veces tenemos vergüenza o somos tímidos para hablar acerca de Dios. Pero si hablamos con sencillez y amablemente de Dios quizá nos sorprenderíamos de cuantas personas estarían dispuestas a escucharnos.

María enséñame cómo amar con pasión a Jesús para que pueda hablar de él a otras personas.

The Mysteries of Light

(Thursdays)

1. The Baptism of Jesus

You were baptized, maybe as an infant or maybe when you were older. Did you know that Jesus was baptized too? When his cousin John baptized him in the River Jordan, a voice came from heaven saying, "This is my beloved son."

We are all God's beloved children.

Mary, help me to always treat myself and others as God's beloved children.

2. The Wedding at Cana

One day at a wedding party, the bride and groom ran out of wine to serve their guests. Mary asked Jesus to help them. Jesus did. He turned big jars of

Los misterios de la luz

(jueves)

1. El bautismo de Jesús en el Jordán

Fuiste bautizado, tal vez cuando eras un bebé o tal vez cuando tenías más años. ¿Sabías que Jesús también fue bautizado? Cuando su primo Juan lo bautizó en el río Jordán se escuchó una voz del cielo que decía: "Este es mi hijo amado".

Todos somos los niños y niñas de Dios.

María enséñame cómo cuidarme y cómo tratar a los demás como hijos e hijas de Dios.

2. La boda de Caná

En la fiesta de una boda se terminó el vino para los invitados. María pidió a Jesús que ayudara a

water into wine, the best wine they had that day!

When we are having problems, we can ask Jesus to help us turn things around. Then we can see what Jesus is doing in our own lives.

Mary, help us to trust that Jesus is truly our Lord and is stronger than our problems.

3. Jesus Proclaims the Reign of God

In Jesus' time, people needed very much to learn about God and God's love for them. So Jesus walked around to as many towns as he could to let people know about God's love. He answered their questions and taught them to pray. He told them stories to explain how great God's love is.

What is your favorite story that Jesus told? Do you like the story of the good shepherd, the prodigal son, the good Samaritan, or some other story?

Mary, you told stories to Jesus when he was little. Help me to remember good stories about people and to tell them when people need to hear about good things.

los novios. Jesús los ayudó. El agua que estaba en jarras grandes la convirtió en el mejor vino que bebieron ese día.

Cuando estamos teniendo problemas podemos pedirle a Jesús que las cosas mejoren. Entonces podemos ver lo que Jesús hace en nuestras propias vidas.

María enséñame a confiar que Jesús es verdaderamente nuestro Señor y es más fuerte que nuestros problemas.

3. Jesús anuncia el reino de Dios

En los tiempos de Jesús las personas necesitaban saber de Dios y del amor de Dios hacia ellas. Por eso Jesús visitó varios pueblos para anunciar a las personas el amor que Dios tenía para ellas. Jesús contestó sus preguntas y les enseñó cómo rezar. Les contaba historias para explicarles que tan inmenso es el amor de Dios.

¿Cuál es tu historia favorita de las que contó Jesús? ¿Te gusta la historia del buen pastor, el hijo pródigo, el buen samaritano u otra historia?

4. The Transfiguration

Jesus took three friends up on top of a high mountain. Then his clothes became so bright and white they were hard to look at. Jesus was changed, transfigured. Then God did an amazing thing: a voice from heaven said, "This is my beloved son." What an important message, for God to give it twice, once at Jesus' baptism and once at the transfiguration.

Sometimes we need to make changes in our lives. Jesus knows the way to help us.

Mary, teach me to pray and ask Jesus to help me make the changes I should make in my life.

María tú contaste historias a Jesús cuando era un niño. Ayúdame a recordar buenas historias, como las que contaba Jesús y así poder contarlas a otras personas a quienes les faltan buenas noticias en sus vidas.

4. La Transfiguración

Jesús y tres amigos subieron a lo más alto de una montaña. De repente su ropa se hizo tan blanca y brillante que debido al resplandor era difícil verla. Jesús cambió, él fue transfigurado. Entonces Dios hizo algo extraordinario: se escuchó una voz que vino del cielo que dijo: "Éste es mi hijo amado". Qué mensaje tan importante, Dios dio el mismo mensaje dos veces, el primero en el bautismo de Jesús y el segundo en la Transfiguración.

A veces necesitamos hacer cambios en nuestra vida. Jesús sabe cómo ayudarnos.

María enséñame cómo rezar y pedir a Jesús que me ayude a hacer los cambios en mi vida que debo hacer.

5. Jesus Gives Us the Eucharist

The night before he died, Jesus had a meal with his friends. During that meal, he gave them Communion for the first time. When he did that, he gave himself to them and us.

Now every time we go to Communion, our Lord comes to us.

Mary, help me to always receive Communion with joy and respect for your son, Jesus, who comes to me to be my friend and helper and Lord.

5. Jesús nos da la Eucaristía

La noche antes de morir, Jesús cenó con sus amigos. En esta cena les dio la Comunión por primera vez. Cuando lo hizo se dio así mismo a ellos y a nosotros.

Ahora, cada vez que comulgamos, el Señor viene a nosotros.

María enséñame a recibir la comunión con alegría y respeto a tu Hijo Jesús quien viene a mí para ser mi amigo, ayudante y Señor.

The Sorrowful Mysteries

(Tuesdays and Fridays)

1. The Agony of Jesus in the Garden

The night before Jesus died, he went to a garden to pray. Jesus was sad. He felt very lonely, so lonely his heart felt broken. But he kept on praying, and his heavenly Father sent an angel to give him courage to say "Yes" to what was going to happen.

Sometimes we feel lonely or sad or it seems like everything we do goes wrong. Jesus knows the feeling. If we pray like Jesus, God will put strength and courage in our hearts. With God helping, nothing will be too hard for us.

Mary, help me understand that when things go wrong and I pray, I get a share of God's great strength.

Los misterios dolorosos

(martes y viernes)

1. La oración en el huerto

La noche antes de que Jesús muriera, él fue a un jardín para rezar. Jesús se puso muy triste. Se sintió tan solo que estaba descorazonado. Pero continuó rezando y su padre celestial envió un ángel para animarlo a decir "Sí" a todo lo que iba a ocurrir.

A veces nos sentimos solos o tristes, otras veces parece que todo lo que hacemos nos sale mal. Jesús sabe por lo que estamos pasando. Si rezamos como Jesús, Dios pondrá ánimo y valor en nuestros corazones. Con la ayuda de Dios nada será demasiado difícil para nosotros.

María ayúdame a entender que cuando la vida no va bien necesito rezar y Dios me dará su fuerza.

2. The Scourging at the Pillar

After the soldiers arrested Jesus, they hit him many times with whips. Jesus was God. He could have stopped them, but he suffered all this to make up for our sins.

From now on, before we start to do something bad, let us stop and think of Jesus and say, "No, I won't do this. It is a sin. Jesus died so I could be good and someday be with him in heaven. I will honor and love Jesus by acting the way that he would act."

Mary, when the thought comes to me to do something bad, help me remember how much Jesus suffered for me.

3. The Crowning With Thorns

When the soldiers crowned Jesus with thorns to make fun of him, Jesus didn't fight them off. He knew they didn't really know him, or they wouldn't do what they were doing. In his heart he prayed for them.

2. La flagelación de Jesús atado a la columna

Después de que los soldados arrestaron a Jesús lo azotaron muchas veces con un látigo. Jesús era Dios. Él sufrió todo esto para liberarnos de nuestros pecados.

A partir de este momento, antes de que empecemos a hacer algo malo, pensemos en Jesús y digamos "No, no lo haré. Es un pecado. Jesús murió para que pudiera portarme bien y estar con él un día en el cielo. Seré fiel y amaré a Jesús haciendo lo que él haría".

María, que cuando el pensamiento de hacer algo malo e incorrecto venga a mi mente, ayúdame a recordar lo mucho que Jesús sufrió por mí.

3. Jesús es coronado con espinas

Cuando los soldados coronaron a Jesús con espinas para burlarse de él, no se resistió. Jesús sabía que ellos no lo conocían y quizá no le hubieran hecho lo que le estaban haciendo. Jesús rezaba en su corazón por ellos.

It is not easy to pray for people who hurt us.
We like to fight back and get even. But if we pray
for people who hurt us, it will help them get over
being bad.

*Mary, I find it hard to be nice to people who
hurt me. Help me be kind to them anyway for
Jesus' sake.*

4. Jesus Carries His Cross

Jesus had to carry his heavy cross. The cross was
so heavy that Jesus fell a few times. But he always
got up and went on.

It is not always easy to be good. Once in a while
we do wrong things, we commit sins. That is like
falling down. What we need to remember is to get
up and try again like Jesus did when he fell down.
Jesus will help us.

*Mary, when I fall into sin, pray for me to get up
and start over again, remembering that Jesus will
always give me the courage I need.*

No es fácil rezar por las personas que nos hacen daño. Preferimos pelear con ellos y quedar a mano. Jesús nos enseñó a pedir por nuestros enemigos.

María, para mí es difícil ser amable con las personas que me han hecho daño. Enséñame cómo ser amable con ellos por amor a Jesús.

4. Jesús lleva su cruz al Calvario

La cruz de Jesús era pesada y cayó con ella en su espalda algunas veces. Pero volvía a levantarse y seguir el camino. No siempre es fácil portarse bien todo el tiempo. Una que otra vez hacemos cosas equivocadas y pecamos. Eso es como caerse. Lo que debemos recordar es que debemos levantarnos e intentar continuar el camino como lo hizo Jesús cuando él cayó. Jesús nos ayudará.

María, cuando caiga en el pecado, ruega por mí para que me levante y empiece otra vez. Recordaré que Jesús siempre me dará el valor que me falta.

5. The Crucifixion and Death of Our Lord

They nailed Jesus to the cross. For three hours, Jesus hung on the cross. It was terrible. But Jesus forgave the people who did this to him. Then he said "Yes" to God and died.

If we let Jesus fill our hearts with faith, we will know that God always allows only what is best to happen in our lives. Sometimes it doesn't seem that way. But God truly loves us, and someday God will make everything right in heaven.

Mary, help me trust in God and learn to wait.

5. La crucifixión y muerte de Jesús

Los soldados clavaron a Jesús en la cruz. Jesús estuvo clavado en la cruz por tres horas. Fue horrible, pero Jesús perdonó a los que lo crucificaron. Entonces dijo "Sí" a Dios y murió.

Si dejamos que Jesús llene nuestros corazones con fe, sabremos que Dios siempre permite que pase en nuestras vidas lo que es lo mejor, aunque a veces no parezca así. Dios nos ama verdaderamente y un día nosotros gozaremos de Dios en el cielo.

María ayúdame a confiar en Dios y saber ser paciente.

The Glorious Mysteries

(Sundays and Wednesdays)

1. The Resurrection

On the third day after Jesus died on the cross, he rose from the dead. It was the first Easter Sunday.

Death was not the end for Jesus. It was the beginning of another wonderful kind of life. It is that way for us too. Someday we will come alive again after we die, too, if we have tried to say "Yes" to what God wants us to do. It will be our own Easter Sunday. It will be Jesus' special gift to us.

Mary, I rejoice with you that Jesus came back to life. Help me remember that someday I will have this new life too.

Los misterios gloriosos

(domingo y miércoles)

1. La Resurrección del Señor

El tercer día después de la muerte de Jesús en la cruz, él resucitó de la muerte. Fue el primer domingo de Pascua.

La muerte no fue el final para Jesús. Fue el principio de otro tipo de vida maravillosa. Y también es lo mismo para nosotros. Algún día volveremos a vivir después de nuestra muerte si nos hemos esforzado por cumplir la voluntad de Dios. Ese será nuestro propio domingo de Pascua. Será el regalo precioso de Jesús para nosotros.

María me alegro junto contigo de que Jesús volvió a vivir. Ayúdame a no olvidar que también yo un día tendré esta vida nueva.

2. The Ascension

Forty days after Jesus rose from the dead, he said goodbye to his friends and went to heaven. He told them not to be sad, that he would still be with them.

Jesus Christ is with us in the Mass and in holy Communion. And he is with our Church leaders in a special way so they can watch over us and teach us what we should know about God and about how to live as Jesus did. We should thank God for giving us the Church and pray often for our Church leaders.

Mary, even when I grow up and get out of school, help me keep on learning more about what God wants me to know about the Church.

3. The Coming of the Holy Spirit

After Jesus went to heaven, Jesus' friends were afraid. But Jesus sent them the Holy Spirit, who took away their fear and filled them with courage and joy. They unlocked the doors and went out and preached loudly to everyone about Jesus.

2. Jesús asciende al cielo

Cuarenta días después de que Jesús resucitó, él se despidió de sus amigos y ascendió al cielo. Les dijo que no se pusieran tristes. Les dijo que se quedaría con ellos.

Jesucristo está con nosotros en la Misa y en la Comunión. También está con nuestros líderes de la Iglesia en una manera especial para que ellos puedan velar por nosotros y enseñarnos lo que debemos saber sobre Dios y cómo vivir como Jesús vivió. Debemos agradecer a Dios por habernos dado la Iglesia y debemos rezar frecuentemente por nuestros líderes de la Iglesia.

María, cuando crezca y termine la escuela, ayúdame seguir aprendiendo más sobre lo que Dios quiere que conozca acerca de la Iglesia.

3. El Espíritu Santo desciende sobre los discípulos

Después que Jesús fue al cielo sus amigos tuvieron miedo. Pero Jesús les mandó el Espíritu Santo que les quitó el miedo y los llenó con ánimo y

We need to ask the Holy Spirit to fill us with courage so we will not be afraid to let people know we are Catholic. Then we will rejoice in our faith and want to share the Good News of Jesus with others.

Mary, I want to know more about the power and sweetness of the great Holy Spirit. Ask Jesus to give me this grace.

4. Mary's Assumption Into Heaven

When Jesus' mother Mary died, he gave her a special gift. He took her body and her soul into heaven to be with him.

When we die in faith, Jesus takes our souls to heaven. Later, God is going to make our bodies new again, and our bodies and souls will be in heaven. Jesus himself is getting ready a heavenly place of wonderful joy for us.

Mary, help me to remember often about heaven and about the place that Jesus is getting ready for me. Help me to love him more.

alegría. Ellos salieron a predicar en voz alta desde las azoteas a todas las personas acerca de Jesús.

Necesitamos pedir que el Espíritu Santo nos llene con ánimo para que no tengamos miedo de hablar a otras personas que somos católicos. Entonces nos alegraremos en nuestra fe y querremos compartir la Buena Nueva de Jesús con otras personas.

María, quiero saber más acerca del poder y dulzura del gran Espíritu Santo. Pide a Jesús que te fortalezca.

4. La Asunción de María

Cuando murió la madre de Jesús, él le dio un regalo especial. Tomó su cuerpo y su alma al cielo para estar con él.

Cuando morimos con fe, Jesús lleva nuestras almas al cielo. Después Dios va a hacer nuestros cuerpos nuevos y tanto nuestros cuerpos como nuestras almas estarán en el cielo. Jesús mismo está preparando un lugar celestial de júbilo para nosotros.

María ayúdame a recordar frecuentemente

5. Mary Is Crowned Queen of Heaven

Mary was once just a little girl from Nazareth. Now she is Queen of Heaven. And all because she always said "Yes" to what God wanted her to do. If we learn to say "Yes" to God, we, too, will someday be honored in heaven. We will be princes and princesses in the kingdom that God is getting ready for us, not just make-believe but for real.

Mary, when I feel like I'm a nobody, let me keep in mind that no matter what anyone else thinks of me, I'm special to God.

acerca del cielo y sobre el lugar que Jesús está preparando para mí. Enséñame cómo amarlo más.

5. María es coronada en el cielo

María era una jovencita de Nazaret. Ahora es reina del cielo. Todo esto porque siempre dijo "Sí" a cualquier cosa que Dios le pidiera, es decir a su voluntad. Si aprendemos a como decir "Sí" a Dios nosotros también seremos honrados en cielo. Seremos príncipes y princesas en el reino que Dios tiene listo para nosotros. Es un lugar real, no una fantasía.

María, cuando siento que mi vida no vale nada, que no se me olvide que no importa lo que otras personas puedan pensar de mí, para Dios yo soy una persona especial.

The Prayers of the Rosary

Here are the prayers you need to know to say the rosary. If someone else is saying it with you, you can say the first part of each prayer and someone else can pray the part that is printed differently.

The Sign of the Cross

In the name of the Father, and of the Son, and of the Holy Spirit. Amen.

The Apostles' Creed

I believe in God, the Father almighty, Creator of heaven and earth, and in Jesus Christ, his only Son, our Lord,

[Bow as you say the words in bold]

who was conceived by the Holy Spirit, born of the Virgin Mary,

Las oraciones del rosario

A continuación están las oraciones que necesitan saber para rezar el rosario. Si alguien está acompañadote, tú puedes decir la primer parte y la otra persona puede decir la parte que está impresa de manera diferente.

La señal de la cruz

En el nombre del Padre, y del Hijo y del Espíritu Santo. Amén.

El credo de los Apóstoles

Creo en Dios, Padre todopoderoso, creador del Cielo y de la tierra. Y en Jesucristo, su único Hijo, nuestro Señor; que fue concebido por obra y gracia del Espíritu Santo. Nació, de Santa María Virgen, padeció, bajo el poder de Poncio Pilato. Padeció, murió, y fue sepultado. Descendió a los infiernos.

suffered under Pontius Pilate, was crucified, died and was buried; he descended into hell; on the third day he rose again from the dead; he ascended into heaven, and is seated at the right hand of God the Father almighty; from there he will come to judge the living and the dead.

I believe in the Holy Spirit, the holy catholic Church, the communion of saints, the forgiveness of sins, the resurrection of the body, and life everlasting. Amen.

The Lord's Prayer

Our Father, who art in heaven, hallowed be thy name; thy kingdom come, thy will be done on earth as it is in heaven.

Give us this day our daily bread, and forgive us our trespasses, as we forgive those who trespass against us; and lead us not into temptation, but deliver us from evil. Amen.

Al tercer día resucitó de entre los muertos, subió a los Cielos y está sentado a la derecha del Padre; desde allí ha de venir a juzgar a vivos y muertos y su Reino no tendrá fin.

Creo en el Espíritu, en la santa Iglesia católica, en la comunión de los santos, el perdón de los pecados, la resurrección de la carne y la vida eterna. Amén.

El Padre Nuestro

Padre nuestro, que estás en el Cielo, santificado sea tu Nombre; venga a nosotros tu reino, hágase tu voluntad en la tierra como en el Cielo.

Danos hoy nuestro pan de cada día; perdona nuestras ofensas como también nosotros perdonamos a los que nos ofenden; no nos dejes caer en la tentación, y líbranos del mal. Amén.

The Hail Mary

Hail Mary, full of grace. The Lord is with thee. Blessed art thou among women, and blessed is the fruit of thy womb, Jesus.

Holy Mary, Mother of God, pray for us sinners, now and at the hour of our death. Amen.

The Glory Be
(Prayer of Praise)

Glory be to the Father, and to the Son, and to the Holy Spirit.

As it was in the beginning, is now, and ever shall be, world without end. Amen.

El Ave María

Dios te salve, María; llena eres de gracias, el Señor es contigo. Bendita tú eres entre todas las mujeres y bendito es el fruto de tu vientre Jesús.

Santa María, Madre de Dios, ruega por nosotros pecadores ahora y en la hora de nuestra muerte. Amén.

Gloría al Padre

Gloría al Padre, al Hijo, y al Espíritu Santo;

como era en principio, ahora y siempre, por los siglos de los siglos. Amén.

How to Pray the Rosary

This is a picture of a rosary. Follow these steps to learn how to pray the rosary.

1. Make the Sign of the Cross.
2. On the crucifix, pray the Apostles' Creed.
3. Pray the Lord's Prayer on the first large bead.

Cómo rezar el rosario

Este es un dibujo de un rosario. Siga las siguientes indicaciones para comenzar a rezar el rosario.

1. Haga la señal de la cruz.
2. En el crucifijo rece el credo de los Apóstoles.
3. En la cuenta grande rece un Padre Nuestro.

4. Pray the Hail Mary on each of the three small beads

5. Pray the Glory Be.

6. Think about what happens in the first mystery, and then pray the Lord's Prayer. If you are praying the rosary with others, you may want to announce the mystery aloud, like this: *The First Joyful Mystery, the Annunciation.* Do the same for each mystery.

7. Pray the Lord's Prayer on the large bead and one Hail Mary on each of the next ten small beads. Now pray the Glory Be. Do this for each of the mysteries.

8. Usually when people have prayed five mysteries, they have completed one rosary. You may pray whatever mysteries you like, but you may want to know that people often pray the Joyful Mysteries all the way through the Advent and Christmas season, the Sorrowful Mysteries all the way through Lent, and the Glorious Mysteries all the way through Easter and Pentecost. For the rest of the year pray the mysteries on the days suggested on pages 6, 14, 22, and 30.

4. En cada una de las siguientes tres cuentas pequeñas rece un Ave María.

5. Rece un Gloria.

6. Piense en lo que se refiere en el primer misterio, luego rece un Padre Nuestro. Si reza el rosario con otras personas, puede decir el nombre del misterio en voz alta, algo como: *Primer misterio gozoso, la anunciación del Señor.* Haga lo mismo para cada misterio.

7. Rece el Padre Nuestro en la cuenta grande y un Ave María por cada una de las siguientes diez cuentas pequeñas. Al terminar diez Ave María rece un Gloria. Haga esto en cada misterio.

8. Después de rezar cinco misterios, se termina un rosario. Puede rezar los misterios que usted quiera, pero, la tradición sugiere que desde Adviento hasta Navidad se recen los misterios gozosos, desde el miércoles de ceniza y toda la Cuaresma los misterios dolorosos, desde el primer domingo de Pascua hasta el domingo de Pentecostés los misterios gloriosos. Durante el resto del año puede rezar los misterios en los días sugeridos en las páginas 7, 15, 23, y 31.

Imprimi Potest:
Richard Thibodeau, CSsR
Provincial, Denver Province
Provincial de la Provincia de Denver
The Redemptorists/Los Redentoristas

Imprimatur:
Most Reverend Joseph F. Naumann
Auxiliary Bishop/Vicar General, Archdiocese of St. Louis
Obispo auxiliar/vicario general, Arquidiócesis de St. Louis

© 2003, Libros Liguori
ISBN 978-0-7648-1030-5
Printed in the United States of America
Impreso en Estados Unidos
22 23 24 25 26 / 10 9 8 7 6

English prayers are compliant with *The Roman Missal,* third edition.

Liguori Publications, a nonprofit corporation, is an apostolate of the Redemptorists. To learn more about the Redemptorists, visit Redemptorists.com.

La Editorial Liguori es una institución con fines no lucrativos y es un apostolado de los Redentoristas de la Provincia de Denver. Para conocer más acerca de los Redentoristas, visite la página web Redemptorists.com.

To order, call 800-325-9521
Para pedidos, llame al 800-325-9521
Liguori.org